Bruno Ferrero

l'importante è la Rosa

PICCOLE STORIE PER L'ANIMA

ELLEDICI

PREMESSA
La rosa

Il poeta tedesco Rilke abitò per un certo periodo a Parigi. Per andare all'Università percorreva ogni giorno, in compagnia di una sua amica francese, una strada molto frequentata.

Un angolo di questa via era permanentemente occupato da una mendicante che chiedeva l'elemosina ai passanti. La donna sedeva sempre allo stesso posto, immobile come una statua, con la mano tesa e gli occhi fissi al suolo.

Rilke non le dava mai nulla, mentre la sua compagna le donava spesso qualche moneta.

Un giorno la giovane francese, meravigliata, domandò al poeta: «Ma perché non dai mai nulla a quella poveretta?».

«Dovremmo regalare qualcosa al suo cuore, non alle sue mani», rispose il poeta.

Il giorno dopo, Rilke arrivò con una splendida rosa appena sbocciata, la depose nella mano della mendicante e fece l'atto di andarsene.

Allora accadde qualcosa d'inatteso: la mendicante alzò gli occhi, guardò il poeta, si solevò a stento da terra, prese la mano dell'uomo e la baciò. Poi se ne andò stringendo la rosa al seno.

Per una intera settimana nessuno la vide più. Ma otto giorni dopo, la mendicante era di nuovo seduta nel solito angolo della via. Silenziosa e immobile come sempre.

«Di che cosa avrà vissuto in tutti questi giorni

in cui non ha ricevuto nulla?», chiese la giovane francese.

«Della rosa», rispose il poeta.

«Esiste un solo problema, uno solo sulla terra. Come ridare all'umanità un significato spirituale, suscitare un'inquietudine dello spirito. È necessario che l'umanità venga irrorata dall'alto e scenda su di lei qualcosa che assomigli a un canto gregoriano. Vedete, non si può continuare a vivere occupandosi soltanto di frigoriferi, politica, bilanci e parole crociate. Non è possibile andare avanti così», ha scritto Antoine de Saint-Exupéry.
Queste piccole storie non sono importanti. Solo vorrebbero regalarti, per un attimo, il profumo della rosa.

Gesù raccontava alla folla tutte queste cose usando sempre parabole: e non parlava mai senza parabole.

(*Vangelo di Matteo 13,34*)

La sedia vuota

Un uomo anziano si era ammalato gravemente. Il suo parroco andò a visitarlo in casa. Appena entrato nella stanza del malato, il parroco notò una sedia vuota, sistemata in una strana posizione, accanto al letto su cui riposava l'anziano e gli domandò a che cosa serviva.

L'uomo gli rispose, sorridendo debolmente: «Immagino che ci sia Gesù seduto su quella sedia e prima che lei arrivasse gli stavo parlando... Per anni avevo trovato estremamente difficile la preghiera, finché un amico mi spiegò che la preghiera consiste nel parlare con Gesù. Così ora immagino Gesù seduto su una sedia di fronte a me e gli parlo e ascolto cosa mi dice in risposta. Da allora non ho più avuto difficoltà nel pregare».

Qualche giorno dopo, la figlia dell'anziano signore si presentò in canonica per informare il parroco che suo padre era morto.

Disse: «L'ho lasciato solo per un paio d'ore. Quando sono tornata nella stanza l'ho trovato morto con la testa appoggiata sulla sedia vuota che voleva sempre accanto al suo letto».

«Beati i puri di cuore: vedranno Dio» (Vangelo di Matteo 5,8).

Dove il cielo e la terra si toccano

Sulle pagine di un vecchio libro della biblioteca del monastero, due monaci avevano letto che esiste un luogo, ai confini del mondo, dove cielo e terra si toccano. Decisero di partire per cercarlo e promisero a se stessi di non tornare indietro finché non lo avessero trovato.

Attraversarono il mondo intero, scamparono a innumerevoli pericoli, sopportarono tutte le terribili privazioni e sacrifici che comporta un pellegrinaggio in tutti gli angoli dell'immensa terra. Non mancarono neppure le mille seducenti tentazioni che possono distogliere un uomo dal raggiungere la sua meta. Le superarono tutte.

Sapevano che nel luogo che cercavano avrebbero trovato una porta: bastava bussare e si sarebbero trovati faccia a faccia con Dio.

Trovarono la porta. Senza perdere tempo, con il cuore in gola, bussarono.

Lentamente la porta si spalancò. Trepidanti i due monaci entrarono e... si trovarono nella loro cella, nel loro monastero.

Un giorno che ricevette degli ospiti eruditi, Rabbi Mendel di Kozk li stupì chiedendo loro a bruciapelo: «Dove abita Dio?». Quelli risero di lui: «Ma che ti prende? Il mondo non è forse

pieno della sua gloria?».
Il Rabbi diede lui stesso la risposta alla domanda: «Dio abita dove lo si lascia entrare».
Ecco ciò che conta più di tutto: lasciar entrare Dio. Ma lo si può lasciar entrare solo là dove ci si trova, e dove ci si trova realmente, dove si vive, e dove si vive una vita autentica.
«Io sto alla porta e busso», dice Dio nella Bibbia. Aprirai, oggi, la tua porta?

La storia del lupo cattivo

Alessio, tre anni:

«Raccontami la storia del lupo cattivo».

Lisa, dieci anni:

«Ma no, non esistono lupi cattivi, ci sono solo lupi infelici».

Non esistono uomini cattivi…

La nuvola e la duna

Una nuvola giovane giovane (ma, è risaputo, la vita delle nuvole è breve e movimentata) faceva la sua prima cavalcata nei cieli, con un branco di nuvoloni gonfi e bizzarri.

Quando passarono sul grande deserto del Sahara, le altre nuvole, più esperte, la incitarono: «Corri, corri! Se ti fermi qui sei perduta».

La nuvola però era curiosa, come tutti i giovani, e si lasciò scivolare in fondo al branco delle nuvole, così simile ad una mandria di bisonti sgroppanti.

«Cosa fai? Muoviti!», le ringhiò dietro il vento.

Ma la nuvoletta aveva visto le dune di sabbia dorata: uno spettacolo affascinante. E planò leggera leggera. Le dune sembravano nuvole d'oro accarezzate dal vento.

Una di esse le sorrise. «Ciao», le disse. Era una duna molto graziosa, appena formata dal vento, che le scompigliava la luccicante chioma.

«Ciao, mi chiamo Ola», si presentò la nuvola.

«Io, Una», replicò la duna.

«Com'è la tua vita lì giù?».

«Bè... Sole e vento. Fa un po' caldo ma ci si arrangia. E la tua?».

«Sole e vento... grandi corse nel cielo».

«La mia vita è molto breve. Quando tornerà il gran vento, forse sparirò».

«Ti dispiace?».

«Un po'. Mi sembra di non servire a niente».

«Anch'io mi trasformerò presto in pioggia e cadrò. È il mio destino».

La duna esitò un attimo e poi disse: «Lo sai che noi chiamiamo la pioggia Paradiso?».

«Non sapevo di essere così importante», rise la nuvola.

«Ho sentito raccontare da alcune vecchie dune quanto sia bella la pioggia. Noi ci copriamo di cose meravigliose che si chiamano erba e fiori».

«Oh, è vero. Li ho visti».

«Probabilmente io non li vedrò mai», concluse mestamente la duna.

La nuvola riflettè un attimo, poi disse: «Potrei pioverti addosso io...».

«Ma morirai...».

«Tu però, fiorirai», disse la nuvola e si lasciò cadere, diventando pioggia iridescente.

Il giorno dopo la piccola duna era fiorita.

Una delle più belle preghiere che conosco dice: «Signore, fa' di me una lampada. Brucerò me stessa, ma darò luce agli altri».

Il negozio

Un giovane sognò di entrare in un grande negozio. A far da commesso, dietro il bancone, c'era un angelo.

«Che cosa vendete qui?», chiese il giovane.

«Tutto ciò che desidera», rispose cortesemente l'angelo.

Il giovane cominciò ad elencare: «Vorrei la fine di tutte le guerre nel mondo, più giustizia per gli sfruttati, tolleranza e generosità verso gli stranieri, più amore nelle famiglie, lavoro per i disoccupati, più comunione nella Chiesa e... e...».

L'angelo lo interruppe: «Mi dispiace, signore. Lei mi ha frainteso. Noi non vendiamo frutti, noi vendiamo solo semi».

Una parabola di Gesù comincia così: «Il regno di Dio è come la buona semente che un uomo fece seminare nel suo campo…».
Il Regno è sempre un inizio. Un minuscolo, quasi trascurabile inizio. Dio stesso è venuto sulla terra come un seme, un fermento, un minuscolo germoglio.
Un seme è un miracolo. Anche l'albero più grande nasce da un seme piccolissimo. La tua anima è un giardino in cui sono seminate le imprese e i valori più grandi.
Li lascerai crescere?

Quello che...

Quello che ci siamo sentiti dire da bambini:

stai fermo, muoviti, fai piano, sbrigati, non toccare, stai attento, mangia tutto, lavati i denti, non ti sporcare, ti sei sporcato, stai zitto, parla t'ho detto, chiedi scusa, saluta, vieni qui, non starmi sempre intorno, vai a giocarte, non disturbare, non correre, non sudare, attento che cadi, te l'avevo detto che cadevi, peggio per te, non stai mai attento, non sei capace, sei troppo piccolo, lo faccio io, ormai sei grande, vai a letto, alzati, farai tardi, ho da fare, gioca per conto tuo, copriti, non stare al sole, stai al sole, non si parla con la bocca piena.

Quello che avremmo voluto sentirci dire da bambini:

ti amo, sei bello, sono felice di averti, parliamo un po' di te, troviamo un po' di tempo per noi, come ti senti, sei triste, hai paura, perché non ne hai voglia, sei dolce, sei morbido e soffice, sei tenero, raccontami, che cosa hai provato, sei felice, mi piace quando ridi, puoi piangere se vuoi, sei scontento, cosa ti fa soffrire, che cosa ti ha fatto arrabbiare, puoi dire tutto quello che vuoi, ho fiducia in te, mi piaci, io ti piaccio, quando non ti piaccio, ti ascolto, sei innamorato, cosa ne pensi, mi piace stare con te, ho voglia di parlarti, ho voglia di ascoltarti, quando ti senti infelice, mi piaci come sei, è bello stare insieme, dimmi se ho sbagliato.

Ci sono accanto a te molte persone adulte che ancora aspettano le parole che avrebbero voluto sentire da bambini.
Tormentando il manico della borsetta, una donna diceva: «So che mio marito sa essere tenero e affettuoso. Con il cane si comporta così».

Il profumo

Gli indù raccontano una strana leggenda. La leggenda del capriolo delle montagne.

Tanti anni fa, c'era un capriolo che sentiva continuamente nelle narici un fragrante profumo di muschio. Saliva le verdi pendici dei monti e sentiva quel profumo stupendo, penetrante, dolcissimo. Sfrecciava nella foresta, e quel profumo era nell'aria, tutt'intorno a lui.

Il capriolo non riusciva a capire da dove provenisse quel profumo che tanto lo turbava.

Era come il richiamo di un flauto a cui non si può resistere.

Perciò il capriolo prese a correre di bosco in bosco alla ricerca della fonte di quello straordinario e conturbate profumo.

Quella ricerca divenne la sua ossessione. Il povero animale non badava più né a mangiare, né a bere, né a dormire, né a nient'altro. Esso non sapeva donde venisse il richiamo del profumo, ma si sentiva costretto a inseguirlo attraverso burroni, foreste e colline, finché affamato, esausto, stanco morto, andò avanti a casaccio, scivolò da una roccia e cadde ferendosi mortalmente.

Le sue ferite erano dolorose e profonde. Il capriolo si leccò il petto sanguinante e, in quel momento, scoprì la cosa più incredibile. Il profumo, quel profumo che lo aveva sconvolto, era proprio lì, attaccato al suo corpo, nella speciale «sacca» porta muschio cha hanno tutti i caprioli della sua specie.

Il povero animale respirò profondamente il profumo, ma era troppo tardi...

«Troppo tardi ti ho amata, bellezza sempre antica e sempre nuova, troppo tardi ti ho amata. Eri dentro di me, ma io ero fuori e senza bellezza e mi precipitavo verso quelle bellezze che tu hai fatto e che, senza di te, non potrebbero esistere. Tu sei sempre con me, ma io non ero con te» (Sant'Agostino).

I due specchi

Un giorno Satana scoprì un modo per divertirsi. Inventò uno specchio diabolico che aveva una magica proprietà: faceva vedere meschino e raggrinzito tutto ciò che era bello e buono, mentre faceva vedere grande e dettagliato tutto ciò che era brutto e cattivo.

Satana se ne andava in giro dappertutto con il suo terribile specchio. E tutti quelli che ci guardavano dentro rabbrividivano: ogni cosa appariva deformata e mostruosa.

Il maligno si divertiva moltissimo con il suo specchio: più le cose erano ripugnanti più gli piacevano. Un giorno, lo spettacolo che lo specchio gli offriva era così piacevole ai suoi occhi che scoppiò a ridere in modo scomposto: lo specchio gli sfuggì dalle mani e si frantumò in milioni di pezzi.

Un uragano potente e maligno fece volare i frammenti dello specchio in tutto il mondo.

Alcuni frammenti erano più piccoli di granelli di sabbia ed entrarono negli occhi di molte persone. Queste persone cominciarono a vedere tutto alla rovescia: si accorgevano solo più di ciò che era cattivo e vedevano cattiveria dappertutto.

Altre schegge diventarono lenti per occhiali. La gente che si metteva questi occhiali non riusciva più a vedere ciò che era giusto e a giudicare rettamente.

Non avete, per caso, già incontrato degli uomini così?

Qualche pezzo di specchio era così grosso, che venne usato come vetro da finestra. I poveretti che guardavano attraverso quelle finestre vedevano solo vicini antipatici, che passavano il tempo a combinare cattiverie.

Quando Dio si accorse di quello che era successo si rattristò. Decise di aiutarli.

Disse: «Manderò nel mondo mio Figlio. È Lui la mia immagine, il mio specchio. Rispecchia la mia bontà, la mia giustizia, il mio amore. Riflette l'uomo come io l'ho pensato e voluto».

Gesù venne come uno specchio per gli uomini.

Chi si specchiava in Lui, riscopriva la bontà e la bellezza e imparava a distinguerle dall'egoismo e dalla menzogna, dall'ingiustizia e dal disprezzo.

I malati ritrovavano il coraggio di vivere, i disperati riscoprivano la speranza.

Consolava gli afflitti e aiutava gli uomini a vincere la paura della morte.

Molti uomini amavano lo specchio di Dio e seguirono Gesù. Si sentivano infiammati da Lui.

Altri invece ribollivano di rabbia: decisero di rompere lo specchio di Dio. Gesù fu ucciso. Ma ben presto si levò un nuovo possente uragano: lo Spirito Santo. Sollevò i milioni di frammenti dello specchio di Dio e li soffiò in tutto il mondo.

Chi riceve anche solo una piccolissima scintilla di questo specchio nei suoi occhi comincia a vedere il mondo e le persone come li vedeva Gesù: si riflettono negli occhi prima di tutto le cose belle e buone, la giustizia e la generosità, la gioia e la speranza; le cattiverie e le ingiustizie invece appaiono modificabili e vincibili.

Il successo

Un missionario che era vissuto in Cina per molti anni e un famoso cantante che vi era rimasto soltanto per due settimane tornavano negli Stati Uniti a bordo della stessa nave. Quando attraccarono a New York, il missionario vide una gran folla di ammiratori in attesa del cantante.

«Signore, non capisco», mormorò il missionario. «Ho dedicato 42 anni della mia vita alla Cina, e lui ci è rimasto soltanto due settimane, eppure ci sono migliaia di persone che gli danno il bentornato a casa, mentre per me non c'è nessuno».

E il Signore rispose: «Figliolo, ma tu non sei ancora a casa».

Un giorno un turista fece visita ad un famoso rabbino.

Rimase stupito nel vedere che la casa del rabbino consisteva soltanto in una stanza piena di libri. Gli unici mobili erano un tavolo e una panca.

«Rabbi, dove sono i tuoi mobili?», chiese il turista.

«E i suoi dove sono?», replicò il rabbino

«I miei? Ma io sono qui solo di passaggio», replicò il turista.

«Anch'io», disse il rabbino.

Giocare con Dio

Un giorno, un uomo si fermò in mezzo ad un gruppo di ragazzi, che giocavano in cortile. L'uomo si mise a far capriole e ogni sorta di buffonate per farli divertire. La madre di uno dei ragazzi osservava dalla finestra. Dopo un po' scese nel cortile e si avvicinò a suo figlio.

«Ah! Costui è veramente un santo», gli disse. «Figlio mio, va' da lui».

L'uomo pose una mano sulla spalla del ragazzo e gli chiese: «Mio caro, che cosa vuoi fare?».

«Non lo so», rispose il ragazzo. «Che cosa vuoi che io faccia?».

«Devi essere tu a dirmi che cosa avresti voglia di fare».

«Oh, a me piace giocare».

«E allora, vuoi giocare con il Signore?».

Il ragazzo rimase interdetto, senza sapere che cosa rispondere. Allora il santo soggiunse: «Se tu riesci a giocare con il Signore, farai la cosa più bella che si possa fare. Tutti prendono Dio talmente sul serio da renderlo mortalmente noioso. Gioca con Dio, figliolo. È un compagno di gioco incomparabile.

Un Dottore della Legge osservava lo spettacolo della piazza del mercato formicolante di gente. Improvvisamente gli appare il profeta Elia.
Il Dottore della Legge approfittò dell'occasione e chiese al profeta: «Illumina la mia ignoranza: c'è qualcuno di questi mercanti che entrerà

nel futuro Regno di Dio?».
«Nessuno, proprio nessuno!», rispose il Profeta, scrollando il capo.
In quel momento arrivavano sulla piazza del mercato due uomini. Si misero a fare giochi di abilità, scherzi e buffonate per attirare la gente. Intorno a loro si formò un cerchio di grandi e piccoli che si divertivano e battevano le mani ridendo.
Il profeta Elia esclamò: «Questi certamente entreranno nel futuro Regno di Dio!».
Il Dottore della Legge andò a parlare ai due pagliacci.
«Che cosa vendete?» chiese.
Risposero: «Anche se spesso il nostro cuore è triste, vogliamo vendere a tutti la gioia di vivere».

La buona ragione

«Per caso ho lasciato l'ombrello da lei?», mi domandò una signora che abita nella mia zona e che era venuta a trovarmi poco tempo prima.

«Sì», risposi.

Mi ringraziò molto, poi aggiunse: «Lei sì che è onesto! Ho domandato a un sacco di gente se avevo lasciato il mio ombrello a casa loro, e mi hanno tutti risposto di no!».

Una tartaruga passava in campagna la sua vita tranquilla. Un giorno le arrivò l'invito di una sua cugina, che abitava in città, perché andasse a trovarla. Spinta dal desiderio di vedere un po' di mondo, la tartaruga campagnola accettò l'invito.

La distanza non era molta, non più di un chilometro, ma per la tartaruga era già un bel viaggio. Si illuse tuttavia di compierlo in breve tempo e solo il mattino dopo si mise in cammino.

«Con il passo sicuro e costante», pensò, «prima di mezzogiorno sarò certamente arrivata. Giusto in tempo per sedermi a tavola».

Partì cantarellando

Cammina, cammina, cammina… A mezzogiorno la tartaruga aveva percorso appena qualche centinaio di metri.

Quando sentì battere dodici rintocchi ad un

campanile, sbottò: «Che stupido campanile! Non sarà neppure un'ora che mi sono mossa da casa, e già suona mezzogiorno. Sono tutti sgangherati questi orologi e i campanari sono ubriaconi!».
Cammina, cammina... Il sole tramontò e le stelle spuntarono tremolanti, ma la tartaruga non era neanche a metà strada.
Più arrabbiata che mai, si mise ad inveire: «Il mondo non è più quello di una volta! Il sole tramonta più presto, le stelle si affacciano fuori orario e le giornate non sono più di ventiquattr'ore!».
E, borbottando, riprese il suo cammino, maledicendo la strada, troppo sassosa e storta.
C'è sempre una buona ragione per pensare male del prossimo.

Strategia della volpe

Un leone spalancò le fauci sotto il naso di una pecora e le chiese se gli trovava l'alito cattivo. La pecora rispose: «Sì».

«Stupida!», disse il leone e le stacco la testa con un possente morso.

Poi fece la stessa domanda al lupo.

«No», rispose il lupo.

«Adulatore!», disse il leone. E lo sbranò.

Poi andò a trovare la volpe per porle la stessa domanda.

«A dire il vero, sire», rispose la volpe, «ho un tale raffreddore che proprio non riesco a sentire gli odori».

Il discepolo di un filosofo andò a trovare il maestro sul letto di morte.
«Lasciami in eredità un po' della tua saggezza», gli chiese.
Il saggio spalancò la bocca e disse al giovane di guardarvi dentro.
«C'è la mia lingua?», gli disse.
«Certo», rispose il discepolo.
«E i miei denti ci sono ancora?».
«No», replicò il discepolo.
«E sai perché la lingua dura più a lungo dei denti? Perché è morbida e flessibile. I denti cadono prima perché sono duri. Ora hai appreso tutto ciò che vale la pena di apprendere. Non ho altro da insegnarti».

La mano e la sabbia

Giorgio, un ragazzo di tredici anni, passeggiava sulla spiaggia insieme alla madre.

Ad un tratto le chiese: «Mamma, come si fa a conservare un amico quando finalmente si è riusciti a trovarlo?».

La madre meditò qualche secondo, poi si chinò e prese due manciate di sabbia. Tenendo le palme rivolte verso l'alto, strinse forte una mano: la sabbia le sfuggì tra le dita, e quanto più stringeva il pugno, tanto più la sabbia sfuggiva.

Tenne invece ben aperta l'altra mano: la sabbia vi restò tutta.

Giorgio osservò stupito, poi esclamò: «Capisco».

Dietro un'immaginetta della Madonna, dimenticata in un santuarietto di montagna, ho trovato la «Preghiera dell'accoglienza». Eccola:
Signore,
aiutami ad essere per tutti un amico,
che attende senza stancarsi,
che accoglie con bontà,
che dà con amore,
che ascolta senza fatica,
che ringrazia di gioia.
Un amico che si è sempre certi di trovare
quando se ne ha bisogno.
Aiutami ad essere una presenza sicura,
a cui ci si può rivolgere,

quando lo si desidera;
ad offrire un'amicizia riposante,
ad irradiare una pace gioiosa,
la tua pace, o Signore.
Fa' che sia disponibile e accogliente
soprattutto verso i più deboli e indifesi.
Così senza compiere opere straordinarie,
io potrò aiutare gli altri a sentirti più vicino,
Signore della tenerezza.

Il potere del pensiero

Un pellegrino camminava per un sentiero di campagna, quando sul margine di esso, tra l'erba, scorse qualcosa, forse un sasso, dalla forma strana.

«È un serpente», pensò.

Il serpente si srotolò, scattò e lo morse a morte.

Un altro pellegrino camminava per quel sentiero, anche lui scorse il sasso dalla forma strana.

«È un uccello», pensò.

In un frullo d'ali, l'uccello volò via.

Un automobilista restò con una gomma a terra su una strada buia e solitaria. Scese dall'auto, ma si accorse di non avere in macchina un crick. Stava per lasciarsi prendere dalla disperazione, quando vide un lumicino in lontananza: era una casa colonica.

Si avviò a piedi in quella direzione, e intanto cominciò a rimuginare: «E se nessuno venisse ad aprire?», «E se non avessero un crick?», «E se quel tizio non me lo volesse prestare anche se ce l'ha?».

A ogni angosciosa domanda la sua agitazione cresceva, e quando finalmente raggiunse la casa colonica, e il contadino gli aprì, era talmente fuori di sé che gli sferrò un pugno gridando: «Tieniti pure il tuo schifoso crick!».

Ti piaccia o no, sono i tuoi pensieri a tracciare

la rotta del viaggio che si chiama vita. Se hai in mente la depressione e il fallimento, è lì che ti troverai. Se pensi di essere goffo e sgradevole, così ti comporterai. Dì ad un ragazzo che è stupido, lo diventerà.

L'arazzo

Un giovane monaco fu inviato per alcuni mesi in un monastero delle Fiandre a tessere un importante arazzo insieme ad altri monaci. Un giorno si alzò indignato dal suo scranno.

«Basta! Non posso andare avanti! Le istruzioni che mi hanno dato sono insensate!», esclamò. «Stavo lavorando con un filo d'oro e tutto ad un tratto devo annodarlo e tagliarlo senza ragione. Che spreco!».

«Figliolo», replicò un monaco più anziano, «tu non vedi questo arazzo come va visto. Sei seduto dalla parte del rovescio e lavori soltanto in un punto».

Lo condusse davanti all'arazzo che pendeva ben teso nel vasto laboratorio, e il giovane monaco rimase senza fiato.

Aveva lavorato alla tessitura di una bellissima immagine dell'Adorazione dei Magi e il suo filo d'oro faceva parte della luminosa aureola intorno alla testa del Bambino. Ciò che al giovane era sembrato uno spreco insensato era meraviglioso.

Un'antica storia sufita racconta di un brav'uomo al quale il Creatore aveva garantito il compimento di un desiderio.
L'uomo ci pensò qualche secondo e poi disse: «Mi piacerebbe fare del bene senza saperlo».
Dio lo esaudì.
Più tardi il Creatore decise che si trattava di un proposito talmente positivo che lo avrebbe

trasmesso a tutti gli essere umani.
E così fu fino ai nostri giorni.
Non sottovalutarti. Forse non ne ricaverai mai una dimostrazione, ma sei molto più importante di quanto pensi. Facciamo tutti parte di un disegno più grande del quale non vediamo mai per intero l'incredibile bellezza.

Chi regge il cielo

Un uccellino. sdraiato sul dorso, tendeva verso il cielo, rigide, entrambe le zampine. Un altro uccello gli volò accanto e gli chiese stupito: «Che cosa fai? Perché te ne stai coricato così a zampe in su? Ti è successo qualcosa?».

Senza muoversi, il primo uccellino rispose: «Con le mie zampe sostengo il cielo. Se mi muovo e ritiro le zampe, il cielo cade giù».

In quel momento, da un albero vicino si staccò una foglia che cadde a terra, veloce e silenziosa.

L'uccellino si spaventò tantissimo. Si alzò e spiccò il volo, rapidissimo.

Il cielo, naturalmente, rimase al suo posto.

Un famoso predicatore morì e salì in Paradiso, dove si accorse che un tassista della sua città occupava un posto migliore del suo.
Corse a lamentarsi da San Pietro.
«Non capisco. Ci dev'essere stato un errore. Io ho dedicato tutta la mia vita alla predicazione».
San Pietro rispose: «Noi premiamo i risultati. Ricorda, reverendo, l'effetto delle sue prediche?».
Il pastore, a malincuore, fu costretto ad ammettere che qualcuno tra i fedeli ogni tanto si addormentava durante le prediche.
«Proprio così!», disse San Pietro. «Invece, quando le persone salivano sul taxi di quell'uomo, non solo stavano ben sveglie, ma pregavano».

Il pranzo della domenica

Dalla cucina, come al solito, la donna disse: È pronto!».

Il marito, che leggeva il giornale, e i due figli, che guardavano la televisione e ascoltavano musica, si misero rumorosamente a tavola e brandirono impazientemente le posate.

La donna arrivò.

Ma invece delle solite, profumate portate, mise in centro tavola un mucchietto di fieno.

«Ma... ma!», dissero i tre uomini. «Ma sei diventata matta?».

La donna li guardò e rispose serafica: «Be', come avrei potuto immaginare che ve ne sareste accorti? Cucino per voi da vent'anni e in tutto questo tempo non ho mai sentito da parte vostra una parola che mi facesse capire che non stavate masticando fieno».

Per festeggiare il decimo anniversario del matrimonio una donna chiese alla rivista letta dal marito di pubblicare un messaggio per lui. Eccolo: «Grazie, grazie amore mio, perchè se oggi sono una donna, una moglie e una madre felice lo devo a te. Grazie perché mi fai sentire sempre e dovunque l'unica donna al mondo per te. Grazie perché mi fai sentire bella. Grazie perché mi fai sentire importante. Grazie per i tuoi sguardi d'amore quando siamo in mezzo alla gente. Grazie per i tuoi «ti amo» lasciati qua

e là quando e dove meno me l'aspetto. Grazie perché ci sei. Grazie per questi splendidi anni d'amore».
Abbiamo un potere immenso: decidere la felicità o l'infelicità delle persone che ci stanno accanto. Di solito basta un «grazie» detto o dimenticato.

Il segreto del paradiso

Una volta un samurai grosso e rude andò a visitare un piccolo monaco. «Monaco», gli disse «insegnami che cosa sono l'inferno e il paradiso!».

Il monaco alzò gli occhi per osservare il potente guerriero e rispose con estremo disprezzo: «Insegnarti che cosa sono l'inferno e il paradiso? Non potrei insegnarti proprio niente. Sei sporco e puzzi, la lama del tuo rasoio si è arrugginita. Sei un disonore, un flagello per la casta dei samurai. Levati dalla mia vista, non ti sopporto».

Il samurai era furioso. Cominciò a tremare, il volto rosso dalla rabbia, non riusciva a spiaccicare parola. Sguainò la spada e la sollevò in alto, preparandosi a uccidere il monaco.

«Questo e l'inferno», mormorò il monaco.

Il samurai era sopraffatto. Quanta compassione, quanta resa in questo ometto che aveva offerto la propria vita per dargli questo insegnamento, per dimostrargli l'inferno! Lentamente abbassò la spada, pieno di gratitudine e improvvisamente colmo di pace.

«E questo è il paradiso», mormorò il monaco.

Dopo una lunga ed eroica vita, un valoroso samurai giunse nell'aldilà e fu destinato al paradiso. Era un tipo pieno di curiosità e chiese di poter dare prima un'occhiata anche all'inferno. Un angelo lo accontentò e lo condusse all'inferno.

Si trovò in un vastissimo salone che aveva al

centro una tavola imbandita con piatti colmi di pietanze succulente e di golosità inimmaginabili. Ma i commensali, che sedevano tutt'intorno, erano smunti, pallidi e scheletrici da far pietà.
«Com'è possibile?», chiese il samurai alla sua guida. «Con tutto quel ben di Dio davanti!».
«Vedi: quando arrivano qui, ricevono tutti due bastoncini, quelli che si usano come posate per mangiare, solo che sono lunghi più di un metro e devono essere rigorosamente impugnati all'estremità. Solo così potranno portarsi il cibo alla bocca».
Il samurai rabbrividì. Era terribile la punizione di quei poveretti che, per quanti sforzi facessero, non riuscivano a mettersi neppur una briciola sotto i denti.
Non volle vedere altro e chiese di andare subito in paradiso.
Qui lo attendeva una sorpresa. Il paradiso era un salone assolutamente identico all'inferno.
Dentro l'immenso salone c'era l'infinita tavolata di gente; un'identica sfilata di piatti deliziosi. Non solo: tutti i commensali erano muniti degli stessi bastoncini lunghi più di un metro, da impugnare all'estremità per portarsi il cibo alla bocca.
C'era una solo differenza: qui la gente intorno al tavolo era allegra, ben pasciuta, sprizzante di gioia.
«Ma com'è possibile?», chiese il samurai.
L'angelo sorrise. «All'inferno ognuno si affanna ad afferrare il cibo e portarlo alla propria bocca, perché si sono sempre comportati così nella vita. Qui, al contrario, ciascuno prende il cibo con i bastoncini e poi si preoccupa di imboccare il proprio vicino».
Paradiso e inferno sono nelle tue mani. Oggi.

Papà sotto il letto

Quando ero piccola un padre era per me come la luce del frigorifero.

Ogni casa ne aveva uno, ma nessuno sapeva realmente cosa facevano sia l'uno che l'altro, dopo che la porta era stata chiusa.

Mio padre usciva di casa ogni mattina e ogni sera, quando tornava, sembrava felice di rivederci. Lui solo era capace di aprire il vasetto dei sottaceti, quando gli altri non ci riuscivano. Era l'unico che non aveva paura di andare in cantina da solo. Si tagliava facendosi la barba, ma nessuno gli dava il bacino o si impressionava per questo. Quando pioveva, ovviamente, era lui che andava a prendere la macchina e la portava davanti all'ingresso. Se qualcuno era ammalato, lui usciva a comperare le medicine. Metteva le trappole per i topi, potava le rose in modo che ci si potesse affacciare alla porta d'ingresso senza rischiare di pungersi. Quando mi regalarono la mia prima bicicletta, pedalò per chilometri accanto a me, finché non fui in grado di cavarmela da sola. Avevo paura di tutti gli altri padri, ma non del mio. Una volta gli preparai il tè. Era solo acqua zuccherata, ma lui era seduto su una seggiolina e lo sorbiva dicendo che era squisito.

Ogni volta che giocavo con le bambole, la bambola mamma aveva un sacco da fare. Non sapevo che cosa far fare alla bambola papà, così gli facevo dire: «Bene, adesso esco e vado a lavorare», poi la buttavo sotto il letto.

Quando avevo nove anni, un mattino mio padre non si alzò per andare a lavorare. Andò all'ospedale e morì il giorno dopo. Allora andai in camera mia e cercai la bambola papà sotto il letto. La trovai, la spolverai e la posai sul mio letto.

Mio padre non fece mai nulla. Non immaginavo che la sua scomparsa mi avrebbe fatto tanto male. Ancora oggi non so il perché.

(Erma Bombek).

Una signora confidò: «È qualche anno che è morto mio padre e ancora sento fortemente il rimorso di non avergli mai detto: "Papà, ti voglio bene"».

La sorpresa

Era sempre stato un benpensante, esponente della maggioranza silenziosa, duro con moglie e figli, membro di una lega razzista perché è meglio che «i negri stiano a casa loro!». Ma, come succede a tutti, morì.

Arrivò baldanzoso alla porta del Paradiso e bussò.

Un angelo lo accolse cortesemente e lo fece entrare in sala d'aspetto. Battè sulla tastiera del computer il nome del nuovo arrivato, lesse sullo schermo il risultato e disse: «Mi dispiace, ma lei deve farsi un bel po' di Purgatorio».

«Non è possibile!», disse l'uomo. «Sono sempre stato esemplare!».

«Non posso farci niente!», ribattè l'angelo.

«Voglio parlare direttamente con Lui!» esclamò l'uomo dirigendosi verso la porta che stava alle spalle dell'angelo.

«Lo può anche fare», disse l'angelo. «Sarà una bella sorpresa...».

«Perché?» chiese l'uomo,

«Perché LEI è NEGRA», sorrise l'angelo.

Quando arriveremo «di là» prepariamoci alle sorprese.

Le scimmie e la lucciola

Una tribù di scimmie viveva nella giungla, ai margini di un villagio di contadini. Ciò che più le incuriosiva era il fuoco. Stavano ore ad osservare le rosse fiamme che danzavano nelle case e nei cortili e i contadini che si accoccolavano accanto ad esse a riscaldarsi, con una beata soddisfazione dipinta sul viso.

Una sera particolarmente fredda, le scimmie videro una lucciola che palpitava tra le foglie di un cespuglio. Credettero subito che fosse una scintilla di quella cosa prodigiosa che scaldava gli uomini e la presero con cura. La coprirono di erba secca e ramoscelli, stesero le mani avanti, facendo versi di soddisfazione e credendo di scaldarsi. Una scimmia si mise addirittura a soffiare sulla lucciola, come aveva visto tante volte fare agli uomini.

Un uccellino dalle ali dorate osservava la scena dall'alto di un ramo. Pieno di compassione per le povere scimmie volò giù e disse: «Amiche, vi state sbagliando, quello non è fuoco. È soltanto una lucciola!».

Ma le scimmie lo cacciarono via infastidite e presero a soffiare con maggior vigore.

«Vi ingannate!», continuava a ripetere l'uccellino dalle ali dorate volando intorno alle scimmie che si accalcavano intorno al mucchietto di foglie e ramoscelli. «Correte al riparo!».

Irritata, una scimmia afferrò l'uccellino dalle ali dorate e lo uccise. Poi si misero tutte a soffiare.

Al mattino erano tutte morte di freddo.

«Gesù aveva fatto tanti segni miracolosi davanti al popolo, eppure non credevano in lui. Così si compivano le parole della Bibbia dette dal profeta Isaia: Dio ha reso ciechi i loro occhi e ha reso duro il loro cuore. Così non vedono coi loro occhi, non capiscono con il loro cuore e non cambiano vita per essere guariti» (Vangelo di Giovanni 12,37-40).
Per questo troppi intorno a noi muoiono di freddo.

Non sono in vendita

Una giovane coppia entro nel più bel negozio di giocattoli della cità. L'uomo e la donna guardarono a lungo i colorati giocattoli allineati sugli scaffali, appesi al soffitto, in lieto disordine sui banconi. C'erano bambole che piangevano e ridevano, giochi elettronici, cucine in miniatura che cuocevano torte e pizze.

Non riuscivano a prendere una decisione. Si avvicinò a loro una graziosa commessa.

«Vede», spiegò la donna, «noi abbiamo una bambina molto piccola, ma siamo fuori casa tutto il giorno e spesso anche la sera».

«È una bambina che sorride poco», continuò l'uomo.

«Vorremmo comprarle qualcosa che la renda felice», riprese la donna, «anche quando noi non ci siamo... Qualcosa che le dia gioia anche quando è sola».

«Mi dispiace», sorrise gentilmente la commessa. «Ma noi non vendiamo genitori».

Decidere di avere un figlio è contrarre con lui il debito più grande che mente umana possa immaginare. Tutti i piccoli vengono da noi con il biglietto d'invito per la vita e ci dicono: «Mi hai chiamato. Sono qui. Che cosa mi dai?». Qui comincia ogni compito educativo.

Un quindicenne la vede così:

Volevo latte
E ho ricevuto il biberon,

Volevo dei genitori
E ho ricevuto un giocattolo,

Volevo parlare
E ho ricevuto un televisore,

Volevo imparare
E ho ricevuto pagelle,

Volevo pensare
E ho ricevuto sapere,

Volevo una visione generale
E ho ricevuto un'ideuzza,

Volevo essere libero
E ho ricevuto la disciplina,

Volevo amore
E ho ricevuto la morale,

Volevo una professione
E ho ricevuto un posto,

Volevo felicità
E ho ricevuto denaro,

Volevo libertà
E ho ricevuto un'automobile,

Volevo un senso
E ho ricevuto una carriera,

Volevo speranza
E ho ricevuto paura,

Volevo cambiare
E ho ricevuto compassione,

Volevo vivere…

La morte della parrocchia

Sui muri e sul giornale della cità comparve uno strano annuncio funebre: «Con profondo dolore annunciamo la morte della parrocchia di Santa Eufrosia. I funerali avranno luogo domenica alle ore 11».

La domenica, naturalmente, la chiesa di Santa Eufrosia era affollata come non mai. Non c'era più un solo posto libero, neanche in piedi. Davanti all'altare c'era il catafalco con una bara di legno scuro. Il parroco pronunciò un semplice discorso: «Non credo che la nostra parrocchia possa rianimarsi e risorgere, ma dal momento che siamo tutti qui voglio fare un estremo tentativo. Vorrei che passaste tutti quanti davanti alla bara, a dare un'ultima occhiata alla defunta. Sfilerete in fila indiana, uno alla volta e dopo aver guardato il cadavere uscirete dalla porta della sacrestia. Dopo, chi vorrà potrà rientrare dal portone per la Messa».

Il parroco aprì la cassa. Tutti si chiedevano: «Chi ci sarà mai dentro? Chi è veramente il morto?».

Cominciarono a sfilare lentamente. Ognuno si affacciava alla bara e guardava dentro, poi usciva dalla chiesa. Uscivano silenziosi, un po' confusi.

Perché tutti coloro che volevano vedere il cadavere della parrocchia di Santa Eufrosia e guardavano nella bara, vedevano, in uno specchio appoggiato sul fondo della cassa, il proprio volto.

«Anche voi, come pietre vive, formate il tempio dello Spirito Santo, siete sacerdoti consacrati a Dio e offrite sacrifici spirituali che Dio accoglie volentieri, per mezzo di Gesù Cristo» (1 Pietro 2,5).
Se c'è polvere nelle sale della tua parrocchia, c'è polvere sulla tua anima.

A piccoli passi

Un giovane studente che aveva una gran voglia di impegnarsi per il bene dell'umanità, si presentò un giorno a San Francesco di Sales e gli chiese:

«Che cosa devo fare per la pace del mondo?».

San Francesco di Sales gli rispose sorridendo: «Non sbattere la porta così forte...».

Sono sempre i piccoli inconvenienti che fanno i grandi litigi. Molti divorzi cominciano per dei calzini dimenticati sotto il letto. Ma anche i grandi amori sono fatti di tante piccole cose.

Tre ranocchi

Tre ranocchi curiosi si avventurarono un giorno fuori dallo stagno dove erano sempre vissuti e cominciaro ad esplorare il mondo. Nei pressi dello stagno sorgeva una prospera fattoria.

I tre ranocchi cominciarono la loro esplorazione dall'aia. Ma due galline li scorsero e, felici di variare il menù, si avventarono su di loro con i becchi affilati e l'acquolina in bocca.

I tre ranocchi però erano svelti e arditi. Proprio in quel momento, il fattore posò davanti alla porta della stalla il bidone del latte. Con due prodigiosi balzi, i tre ranocchi si tuffarono nel bidone. Si trovarono a nuotare nel latte. Sulle prime la nuova sensazione li rese allegri ed euforici. Poi cominciarono a preoccuparsi. Dovevano assolutamente uscire di là al più presto! Un fattore arrabbiato era peggio delle galline...

Provarono e riprovarono, ma l'imboccatura del bidone era stretta e le pareti d'acciaio liscie e scivolose.

Il primo ranocchio era un fatalista. Annaspò un po' e poi disse: «Non usciremo mai di qui. È la fine». Si lasciò andare ed annegò.

Il secondo ranocchio era un'intellettuale, con una grande preparazione teorica sui liquidi, il salto e le loro leggi fisiche. Eseguì rapidamente tutti i calcoli che riguardavano la distanza dalla bocca del bidone, il suo diametro, la spinta occorrente, la parabola, il peso, la gravità terrestre, l'accelerazione. Trovò la formula giusta e spiccò il salto con gran vigore. Ma... non aveva calcolato il manico del bidone. Sbattè una tremenda capocciata, svenne e finì miseramente in fondo al bidone.

Il terzo ranocchio non smise un attimo di nuotare a darsi da fare con tutte le sue forze. Il latte si trasformò in burro, scivoloso ma solido, e il ranocchio riuscì a saltare fuori facilmente.

Dice un proverbio africano:
«Ogni mattina in Africa, un leone si sveglia.
Sa che deve correre più veloce della gazzella
per catturarla o morirà di fame.
Ogni mattina in Africa, una gazzella si sveglia.
Sa che deve correre più veloce del leone
o perderà la sua vita.
Ogni mattina, quando ti svegli,
non chiederti se sei leone o gazzella,
ma mettiti a correre».
Non perdere mai la speranza, comunque ti vadano le cose. E datti da fare.

Il Fuggiasco

Un giorno, un giovane che sfuggiva ad un implacabile nemico arrivò in un villagio. Gli abitanti lo accolsero con cortesia e gli offrirono un nascondiglio sicuro. Il giorno dopo arrivarono dei soldati che lo inseguivano. Entrarono di forza nelle case, perquisirono cantine e soffitte e poi radunarono nella piazza tutti gli abitanti del villaggio.

«Appiccheremo il fuoco al villaggio e passeremo per le armi tutti gli uomini se non ci consegnate quel giovane prima dell'alba di domani», gridò il loro comandante.

Il capo del villaggio, lacerato dal dilemma se consegnare il ragazzo ai soldati o fare uccidere la sua gente, si ritirò in camera e aprì la Bibbia, sperando di trovarvi una risposta prima dell'alba. Dopo molte ore, di prima mattina, il suo sguardo cadde su queste parole: «È meglio che perisca un solo uomo piuttosto che si perda tutto il popolo». Il capo del villaggio chiuse la Bibbia, chiamò i soldati e indicò loro il nascondiglio del ragazzo.

Dopo che i soldati ebbero portato via il fuggiasco per ucciderlo, al villaggio vi fu una festa perché il capo aveva salvato le loro vite e il villaggio. Ma il capo non si unì ai festeggiamenti. Oppresso da profonda tristezza rimase nella sua stanza. La notte, un angelò andò da lui e gli chiese: «Che cosa hai fatto?».

Ed egli rispose: «Ho consegnato il fuggiasco al nemico».

L'angelo allora disse: «Ma non sai che hai consegnato il Messia?».

«Come potevo saperlo?», replicò il capo del villaggio angosciato.

E l'angelo: «Se invece di leggere la tua Bibbia fossi andato una sola volta a trovare quel ragazzo e lo avessi guardato negli occhi, lo avresti saputo».

Una grigia mattina in una città del nord. Un autobus carico di pendolari e studenti. I passeggeri siedono, uno accanto all'altro, infagottati nei pesanti abiti invernali, insonnoliti dal ronzio monotono del motore e dal calore del riscaldamento. Nessuno parla. Si vedono tutti ogni giorno, ma preferiscono nascondersi dietro il giornale.

Una voce esclama all'improvviso: «Attenzione! Attenzione!». I giornali frusciano, le teste si sollevano. «È il vostro conducente che vi parla». Silenzio. Tutti guardano verso la nuca dell'autista. La sua voce è piena di autorità.

«Mettete via i giornali, tutti quanti». Un centimetro per volta, i giornali si abbassano. «Adesso voltatevi e guardate la persona che vi sta seduta accanto». Sorprendentemente, obbediscono tutti. Qualcuno sorride.

«Adesso ripetete con me...», continua l'autista, «Buongiorno, vicino di posto!».

Le voci sono timide, un po' interdette, ma poi la barriera si abbatte. Molti si stringono la mano. Gli studenti si abbracciano. La vettura è tutta un brusio di conversazioni.

Buongiorno, vicino di posto!

La buona coscienza

Nel centro della Foresta viveva molto tempo fa una stravagante famiglia di piante carnivore che, con il passare del tempo, arrivarono a prendere coscienza della stranezza delle loro abitudini, soprattutto per le costanti mormorazioni che il buon Zefiro recava loro da tutte le direzioni della città.

Sensibili alle critiche, a poco a poco cominciarono a sentire ripugnanza per la carne, finché giunse il momento in cui la ripudiarono e si rifiutarono anche di mangiarla, schifate a tal punto che avevano nausea solo a vederla.

Decisero allora di diventare vegetariane.

A partire da quel giorno si mangiano unicamente le une con le altre e vivono tranquille. Perché tutti in giro parlano solo della loro esemplarità.

In tante famiglie succede la stessa cosa. «Guai a voi, ipocriti, maestri della legge e farisei! Voi purificate l'esterno dei vostri piatti e dei vostri bicchieri, ma intanto li riempite dei vostri furti e dei vostri vizi. Guai a voi, ipocriti! Siete come tombe imbiancate: all'esterno sembrano bellissime, ma dentro sono piene di ossa di morti e di marciume. Anche voi, esternamente, sembrate buoni agli occhi delle gente, ma dentro siete pieni di ipocrisia e di male» (Vangelo di Matteo 23,25.27-28). Chi vuol salvare la faccia a tutti i costi, di solito uccide, con la verità, ogni possibilità di riconciliazione.

Il cavallo selvaggio e il cavallo domestico

Un cavallo selvaggio incontrò un cavallo domestico e cominciò rimproverarlo per la sua condizione di schiavitù. La bestia domata replicò sostenendo di essere libera come il vento.

«E allora», disse l'altro, «spiegami un po' a cosa serve quell'arnese che hai in bocca».

«È ferro», fu la risposta, «uno dei tonificanti più efficaci».

«Sì, ma cosa vogliono dire le redini che ci sono attaccate?».

«Servono a impedire che mi caschi dalla bocca quando sono troppo pigro per tenerlo stretto».

«E che mi dici della sella?».

«Mi risparmia molta fatica: quando sono stanco ci monto sopra e vado a cavallo».

Non c'è nessuno peggiore dello schiavo che bacia le proprie catene e dell'uomo che scusa le cattive abitudini che lo tengono prigioniero. Nessuno è libero se non è padrone di se stesso.

L'astronomo

Il mio amico e io vedemmo un cieco che, da solo, sedeva all'ombra del tempio.

«Guarda, quello è l'uomo più saggio del nostro paese», disse il mio amico, dopo di che lo lasciai per avvicinarmi al cieco e salutarlo.

Parlavamo e dopo un po' gli dissi: «Perdona la mia domanda, ma da quanto tempo sei cieco?».

«Dalla nascita», rispose

«E quale strada del sapere hai percorso?», gli domandai.

«Sono un astronomo», rispose.

Si posò quindi la mano sul petto dicendo: «Osservo tutti questi soli e lune e stelle». *(Gibran)*

Una donna che stava morendo di cancro aveva deciso di dedicare i suoi ultimi giorni a conoscere se stessa.
Scriveva: «Ho cominciato a occuparmi dei pensieri che penso, degli oggetti che scelgo, delle cose che amo, dei libri che leggo. Ho deciso che erano un mio riflesso e che avrebbero parlato di me. Così facendo, ho conosciuto una persona fantastica, me stessa. Ciò che di meglio ho imparato dopo avere appreso che dovevo abbandonare tutto, è che l'unica cosa che possedevo veramente ero io; quello che sono. Sto morendo di cancro, ma non sono mai stata così viva e così felice».

Lo sapevi!

In una tribù indiana, i giovani venivano riconosciuti adulti dopo un rito di passaggio vissuto nella più stretta solitudine. Durante questo periodo di solitudine dovevano provare a se stessi di essere pronti per l'età matura.

Una volta uno di loro camminò fino a una splendida valle verdeggiante di alberi e radiosa di fiori. Guardando le montagne che cingevano la valle, il giovane notò una vetta scoscesa incappucciata di neve dal biancore abbacinante. «Mi metterò alla prova contro quella montagna», pensò. Indossò la sua camicia di pelle di bisonte, si gettò una coperta sulla spalla e cominciò la scalata.

Quando arrivò in cima, vide sotto di sé il mondo intero. Il suo sguardo spaziava senza limiti, e il suo cuore era pieno di orgoglio. Poi udì un fruscio vicino ai suoi piedi, abbassò lo sguardo e vide un serpente. Prima che il giovane potesse muoversi, il serpente parlò.

«Sto per morire», disse. «Fa troppo freddo quassù per me e non c'è nulla da mangiare. Mettimi sotto la tua camicia e portami a valle».

«No», rispose il giovane. «Conosco quelli della tua specie. Sei un serpente a sonagli. Se ti raccolgo mi morderai e il tuo morso mi ucciderà».

«Niente affatto», disse il serpente. «Con te non mi comporterò così. Se fai questo per me, non ti farò del male».

Il giovane rifiutò per un po', ma quel serpente sapeva essere molto persuasivo. Alla fine, il giovane se lo mise sotto la camicia e lo portò con sé. Quando furono giù a valle, lo prese e lo depose delicatamente a terra. All'improvviso il serpente si arrotolò su se stesso, scosse i suoi sonagli, scattò in avanti e morse il ragazzo a una gamba.

«Mi avevi promesso...», gridò il giovane.

«Sapevi che cosa rischiavi quando mi hai preso con te», disse il serpente strisciando via.

Può essere dedicata a tutti coloro che si lasciano tentare dalla droga, dall'alcol e dall'eccessiva velocità sulla strada. «Sapevi che cosa rischiavi quando mi hai preso con te». Come dire: «Del senno di poi son piene le fosse».

I due pellegrini

Due pellegrini si arrampicavano su una strada impervia, mentre li flagellava un vento gelido. La tormenta stava per scatenarsi. Raffiche turbinanti di schegge di ghiaccio sibilavano fra le rocce. I due uomini procedevano con fatica. Sapevano molto bene che se non avessero raggiunto in tempo il rifugio sarebbero periti nella tempesta di neve.

Mentre con il cuore in gola per l'ansia e gli occhi quasi accecati dal nevischio costeggiavano l'orlo di un abisso, udirono un gemito. Un pover'uomo era caduto nella voragine e, incapace di muoversi, invocava soccorso.

Uno dei due disse: «È il destino. Quell'uomo è condannato a morte. Acceleriamo il passo o faremo la sua fine». E si affrettò, tutto curvo in avanti per opporsi alla forza del vento.

Il secondo invece si impietosì e cominciò a scendere per le pendici scoscese. Trovò il ferito, se lo caricò sulle spalle e risalì affannosamente sulla mulattiera.

Imbruniva. Il sentiero era sempre più oscuro. Il pellegrino che portava il ferito sulle spalle era sudato e sfinito, quando vide apparire le luci del rifugio. Incoraggiò il ferito a resistere, ma all'improvviso inciampò in qualcosa steso di traverso sul sentiero. Guardò e non poté reprimere l'orrore: ai suoi piedi era steso il corpo del suo compagno di viaggio. Il freddo lo aveva ucciso.

Lui era sfuggito alla stessa sorte solo perchè

si era affaticato a portare sulle spalle il poveretto che aveva salvato nel burrone. Il suo corpo e lo sforzo avevano mantenuto il calore sufficente per salvargli la vita.

La ragazza era di pessimo umore. Aveva tutte le sue spine fuori, proprio come un porcospino tormentato da un cane. Troppi compiti a casa, troppe interrogazioni, troppo tutto… ecco! La madre le ripeteva la solita predica, con ragionamenti, spiegazioni e raccomandazioni.
La ragazza si fece ancora più scura. Poi guardò la madre dritta negli occhi e scandì: «Mamma, sono stanca e stufa delle tue prediche. Perché invece non mi prendi tra le tue braccia e mi tieni stretta? Nessun consiglio potrà mai farmi altrettanto bene!».
La madre rimase a bocca aperta. Gli occhi della figlia imploravano un abbraccio. Con la voce rotta dalla voglia di piangere, disse: «Vuoi… vuoi che ti abbracci? Ma lo sai che anch'io… anch'io voglio che tu mi abbracci?». Accolse la figlia nelle braccia aperte e la strinse a sé, come fosse ancora una bimba.
Chiunque, non importa l'età (anche a settant'anni), ha bisogno del conforto di un abbraccio, di essere tenuto stretto, di un'espressione concreta d'amore. Spesso diventiamo troppo riservati, troppo timidi per mostrare i nostri veri sentimenti. E allora li nascondiamo dietro una maschera fredda e severa, per la paura di lasciar intravedere la nostra vulnerabilità a coloro che amiamo.
Ma è solo il calore umano che ci può salvare dal grande freddo di quest'epoca.

Il detenuto e la formica

Un uomo fu condannato a 20 anni di carcere. Il suo problema era ovviamente ammazzare il tempo. Dopo alcuni mesi scoprì che alcune formiche risiedevano stabilmente sotto l'intonaco scheggiato della sua cella. Una di quelle formiche sembrava particolarmente dotata e il detenuto decise di ammaestrarla.

Ci volle un sacco di pazienza, ma dopo cinque anni la formica ubbidiva agli ordini, ballava su un cappello ben teso e faceva il doppio salto mortale. Altri cinque anni dopo, la meravigliosa (e longeva) formichina sapeva cantare tutte le canzoni di Sanremo. Cinque anni dopo la formica parlava correttamente quattro lingue.

Stava per impararre la quinta quando l'uomo venne scarcerato. Si mise in tasca la preziosa formica nella speranza che gli servisse a guadagnare un mucchio di soldi esibendosi in televisione.

Uscito di prigione, andò diritto in un bar e, dopo aver bevuto, non resistette alla tentazione di sfoggiare la bravura della sua formica. La posò sul bancone e chiamò il barista.

«Guardi questa formica!».

Il barista, senza perdere un attimo di tempo, schiacciò la formica dicendo: «La prego di scusarci, signore».

Tanti genitori ed educatori dedicano anni di fatica e di passione per educare i loro ragazzi. Spesso basta un attimo e il risultato di tanti sforzi va in rovina. Perché c'è sempre un malaugurato «barista» dietro l'angolo. È meglio addestrare elefanti che formiche.

Un po' d'argento

«Rabbi, che cosa pensi del denaro?», chiese un giovane al maestro.

«Guarda dalla finestra», disse il maestro. «Che cosa vedi?».

«Vedo una donna con un bambino, una carrozza trainata da due cavalli e un contadino che va al mercato».

«Bene. E adesso guarda nello specchio. Che cosa vedi?».

«Che cosa vuoi che veda Rabbi? Me stesso, naturalmente».

«Ora pensa: la finestra è fatta di vetro e anche lo specchio è fatto di vetro. Basta un sottilissimo strato d'argento sul vetro e l'uomo vede solo più se stesso».

Siamo circondati da persone che hanno trasformato in specchi le loro finestre. Credono di guardare «fuori» e continuano a contemplare se stesse. Non permettere che la finestra del tuo cuore diventi uno specchio.

La grotta

Un beduino, inseguito da feroci nemici, fuggì dove il deserto era più aspro e le rocce più taglienti. Corse e corse, finché non sentì che il rumore degli zoccoli dei cavalli che lo inseguivano si era affievolito e poi spento del tutto.

Solo allora si guardò intorno. Era giunto in una gola paurosa, su cui incombevano pareti di granito e guglie di scuro basalto. Con enorme meraviglia scoprì una specie di sentierino che si inerpicava attraverso la gola.

Lo seguì e dopo un po' si ritrovò all'imboccatura di una profonda grotta buia. Si infilò nell'oscurità con passo esitante.

«Vieni avanti, fratello», lo incoraggiò una voce benevola. Nella penombra, il beduino vide un'eremita che stava pregando.

«Tu vivi qui?», chiese il beduino.

«Certo».

«Ma come fai a resistere in questa grotta, solo, povero, lontano da tutti?».

L'eremita sorrise

«Io non sono povero. Ho grandi tesori».

«Dove?».

«Guarda là». L'eremita indicò una piccola fessura che si apriva in un fianco della grotta e chiese: «Che cosa vedi?».

«Niente».

«Davvero niente?», domandò l'eremita.

«Solo un pezzo di cielo».

«Un pezzo di cielo: non ti sembra un tesoro meraviglioso?».

Ho letto un racconto di un prigioniero dei nazisti che scriveva tutto contento alla famiglia semplicemente perché era stato spostato da una cella con quattro nude mura ad un'altra in cui c'era un'apertura in cima ad una delle pareti, attraverso cui si poteva intravvedere il cielo azzurro al mattino e qualche stella di notte. Questo per lui era un immenso tesoro. Noi abbiamo tutta la volta celeste. E guardiamo la tv.

Il cavallo di Alessandro

Quando compì vent'anni, Alessandro Magno riuscì a farsi regalare da suo padre, il re Filippo, un cavallo che nessuno era mai riuscito a domare: Bucefalo, un cavallo dal bellissimo aspetto, ma dal carattere bizzarro e selvaggio. Alessandro voleva ad ogni costo domarlo.

«Con tutti i cavalli che ci sono, figliolo, perchè non te ne trovi un altro?», gli diceva il buon re Filippo.

Ma Alessandro voleva domare proprio Bucefalo. Ci provava ormai da tre mesi e nonostante le carezze, le parole sussurrate come ad un amico, non era ancora riuscito a stargli un attimo in groppa. Quelli che avevano tentato prima di lui gli dicevano: «Bada, Alessandro, lascialo andare nella foresta, prima che ti faccia del male!».

Un giorno, mentre osservava il suo selvatico amico, Alessandro si accorse che il cavallo teneva la testa molto bassa, quasi nascosta tra le due zampe anteriori.

Si era nel gran sole di mezzogiorno.

Riflettendo, Alessandro si ricordò che Bucefalo faceva sempre così nei giorni di sole e mai alla sera o nelle brutte giornate. Inoltre i suoi tentativi di ammansirlo erano molto più facili nei giorni nuvolosi. Di colpo ebbe un'idea: «Forse teme il sole».

Mentre nel cielo splendeva un sole splendido, Alessandro saltò dinanzi a Bucefalo, gli afferrò energicamente la testa e con tutte le sue forze gliela fece sollevare verso l'alto. Gli occhi del cavallo si fissarono per la prima volta sul sole. Alessandro si accorse che non lampeggiavano più, ma divenivano sempre più docili. Sembrava quasi che sorridessero.

Quando il giovane allentò la poderosa stretta con cui lo aveva afferrato, la testa del cavallo rimase eretta, fiera e tranquilla. Alessandro emise un grido di esultanza, lo abbracciò, gli saltò in groppa e lo lanciò in un galoppo sfrenato nella pianura di Macedonia.

Bucefalo aveva vinto la paura di guardare il sole. E ora anche gli uomini gli facevano meno paura.

«In quella sinagoga c'era un uomo posseduto da uno spirito maligno. Ad un certo momento costui si mise ad urlare: "Perché ti interessi di noi, Gesù di Nazaret? Vuoi forse mandarci in rovina?"» (Vangelo di Luca 4,33-34).
È il grido di una religione rovesciata, la religione dei diavoli, degli atei: Dio incute paura.
Quanti spaventati da Dio ci sono. Gente che si accosta a Lui meno che può, che gli parla in fretta, senza guardarlo in faccia e che, appena può, con un sospiro di sollievo, si allontana da Lui, perché gli mette disagio. È quanto di più lontano può esistere dal vero rapporto con Dio, che è la perfezione dell'amore.

Il cambio

Una bambina di cinque anni non dava pace al padre e continuava a chiedergli che cosa le avrebbe comprato quando fosse andato in città. Alla fine il padre perse la pazienza.

«Comprami questo, comprami quest'altro», esplose. «Pensi solo a quel che ti danno i tuoi genitori. Vorrei sapere che cosa ci dai tu!».

La risposta della bambina lo lasciò senza parole. «Amore», disse semplicemente.

Il miliardario in punto di morte ai suoi eredi: «Figli miei, ora vi lascio».
«Quanto?», chiesero tutti in coro.
«Un uomo veramente ricco è quello i cui figli gli corrono fra le braccia quando ha le mani vuote.
Qual è il cambio che stai cercando tu?

La gatta

C'era una volta una gatta che bruciava d'amore per un giovane. Era tanto innamorata che chiese aiuto ad una fata perché la trasformasse in una donna molto bella, capace di conquistare il giovane.

La fata l'accontentò e la gatta assunse l'aspetto di una donna. Conobbe il giovane e ben presto iniziarono i preparativi per il matrimonio.

Venne il giorno delle nozze, che furono celebrate tra canti e danze e girotondi. Molte luci illuminavano la festa e agli invitati venivano offerti cibi squisiti.

Tutto andava per il meglio. Ma ecco che d'un tratto la sposa vide correre via un sorcetto, e immediatamente si lanciò a rincorrerlo.

La nostra società incoraggia l'inganno: siamo troppo abituati a credere alla pubblicità. Continuiamo a dire: «Che piacere vederti!... Sentiamoci qualche volta... Ma che delizioso vestitino!» a persone che detestiamo, che preferiremmo evitare, che giudichiamo vestite orrendamente.

Abbiamo maschere per tutte le occasioni. Una maschera per gli amici, una per il capoufficio, una per il marito o la moglie, una per i vicini di casa, una per Dio... Ma arriva sempre il momento che è la fine di tutte le commedie. «Tenetevi lontani dal lievito dei farisei, dalla loro ipocrisia! Perché non c'è nulla di nascosto che non sarà svelato, nulla di segreto che non sarà conosciuto. Quello che avete detto in segreto, sarà udito alla luce del giorno, e quello che avete sussurrato all'orecchio all'interno della casa sarà proclamato dalle terrazze» (Vangelo di Luca 12,1-3).

Il miraggio

Un uomo si era perso nel deserto. Esaurita la scorta di viveri e di acqua, si trascinava penosamente sulle ghiaie roventi. Improvvisamente vide davanti a sé delle palme e udì un gorgoglio d'acqua. Ancora più sconfortato pensò: «Questo è un miraggio. La mia fantasia mi proietta davanti i desideri profondi del mio subconscio. Nella realtà non c'è assolutamente niente».

Senza più speranza, vaneggiando, si abbandonò esanime al suolo.

Poco tempo dopo, lo trovarono due beduini. Il poveretto era ormai morto.

«Ci capisci qualcosa?», disse il primo. «Così vicino all'oasi, con l'acqua a due passi e i datteri che quasi gli cadevano in bocca! Com'è possibile?».

Scuotendo il capo, l'altro disse: «Era un uomo moderno».

Ahimè, il mondo è pieno di luci potenti e misteri e l'uomo li nasconde con la sua piccola mano (Baal Schem).

Gli adoratori di quest'era tecnologica sono disposti a considerare reale solo quanto si presta a una classificazione razionale. Si adagiano volentieri nell'idea che con il loro pensiero scientifico si trovano su un terreno solido, mentre contemporaneamente sprofondano nel vuoto attraverso gli abissi della disperazione, dell'angoscia.

Non si comprendono i segreti di Dio. Si adorano.

Indice

16ª ristampa: settembre 2012

Foto: ICP Immagini - Milano

ELLEDICI

www.elledici.org

E-mail: mail@elledici.org
ISBN 978-88-01-13231-1

Stampa: SGS Torino